1. Lesestufe

Iris Tritsch • THiLO • Anja Kiel

Magische Elfengeschichten

Mit Bildern von

Almud Kunert und Elke Broska

Ravensburger

Bibliografische Information der Deutschen Nationalbibliothek:

Die Deutsche Nationalbibliothek verzeichnet diese Publikation
in der Deutschen Nationalbibliografie.
Detaillierte bibliografische Daten sind im Internet
über http://dnb.d-nb.de abrufbar.

1 3 5 4 2

Ravensburger Leserabe
Diese Ausgabe enthält die Bände
„Der verschwundene Zauberstab – Eine Elfengeschichte" von Iris Tritsch
mit Illustrationen von Almud Kunert, „Im Elfenwald" von THiLO
mit Illustrationen von Almud Kunert, „Lara und die freche Elfe" von Anja Kiel
mit Illustrationen von Elke Broska.
© 2012, 2009, 2014 Ravensburger Verlag GmbH

© 2022 Ravensburger Verlag GmbH
Postfach 2460, 88194 Ravensburg
für die vorliegende Ausgabe
Umschlagbild: Matthias Derenbach
Konzept Leserätsel: Dr. Birgitta Reddig-Korn
Printed in Germany
ISBN 978-3-473-46227-8

ravensburger.com
www.leserabe.de

Inhalt

Iris Tritsch

Der verschwundene Zauberstab

Eine Elfengeschichte

Mit Bildern von Almud Kunert

Elfenzauber

Summend fliegen die Bienen
über die Blumenwiese.

Fine liegt neben ihrer Freundin Luna
im Gras und träumt.
Die Wolken sehen aus
wie saftige Beeren.

„Ich habe Hunger!",
ruft sie und springt auf.
„Kommst du mit?"

Luna steckt eine Blume
in ihren Blütenkranz.
„Mein Magen knurrt auch",
kichert sie und steht auf.

Gemeinsam suchen die Elfen
nach reifen Beeren.
Doch die Büsche sind fast leer.

Nur eine einzige Erdbeere
entdeckt Fine noch.
Lecker sieht sie aus!

Fine bückt sich,
um die Beere zu pflücken.
Aber Luna ist schneller.
Sie zückt ihren Zauberstab.

Die Erdbeere fliegt Luna
direkt in den Mund,
ehe Fine auch nur einen Finger
bewegen kann.

Fine kann es kaum glauben.

Sie hat die Erdbeere zuerst gesehen!

Und nun verspeist Luna ihre Beere.

Diese gemeine Mistfliege!

Wütend reißt sie Luna
den Zauberstab aus der Hand.
Im hohen Bogen
wirft sie ihn fort.

Der Zauberstab segelt
über die Blumenwiese.
Er verschwindet
hinter den Büschen.

Monstergeräusche

Ratlos stehen die beiden Elfen
vor der hohen Hecke.
Ihre Flügel zittern.

Die Zeit drängt!

Bald fängt die Zauberstunde an.

Bis dahin müssen sie

den Zauberstab gefunden haben!

Oder Herr Knospe wird toben …

Er darf nicht wissen,

dass sie Lunas Zauberstab

heimlich mitgenommen haben.

Sonst müssen sie

Honigtöpfe putzen.

Was sollen sie nur tun?
Luna braucht den Zauberstab!

Noch nie haben Fine und Luna
die Wiese verlassen.
Und in den Wald hinter der Hecke
dürfen sie nicht fliegen.
Das ist streng verboten!

Plötzlich raschelt es
hinter den Büschen.
Die beiden Elfen
zucken zusammen.

Da ist etwas.
Es trampelt und röchelt.
Und es stinkt.

Fine nimmt ihren ganzen Mut zusammen.
„Guten Morgen!",
ruft sie tapfer. „Wir haben
einen Zauberstab verloren.
Bitte werfen Sie ihn rüber."

Ihr Herz klopft wie wild.
Das Monster soll bloß
im Gebüsch bleiben.
Sie schluckt.
Und wenn es Hunger hat?

Nichts passiert.
Kein Zauberstab fliegt
über die Hecke.

Aber sie hören ein Knurren.
Etwas tapst
über den Waldboden.

Das Monster haut ab!
Jetzt können sie schnell
über die Hecke fliegen
und den Zauberstab holen.

Gemeinsam fliegen sie los.
Nervös schauen sie sich um.
Das Monster ist weg.

Wo ist der Zauberstab?

Sie suchen den Boden ab.

„Hier ist was!", ruft Luna.

Zauberglitzer leuchtet
auf dem Waldboden.
Hier muss der Zauberstab gelandet sein.
Aber weit und breit ist er nicht zu sehen.

„Igitt!"

Fine schüttelt sich vor Ekel.

Da ist feuchter Sabber.

Monsterschleim.

Direkt neben dem Glitzerstaub.

„Das Monster hat den Zauberstab
geklaut!", ruft Fine.

Sie müssen sich beeilen.

Sonst ist das Monster

über alle Berge.

Und mit ihm Lunas Zauberstab.

Spurensuche

Fine und Luna
verfolgen das Monster.
Kreuz und quer geht es
durch den Wald.
Überall sind seine Spuren.

Im Unterholz finden sie
ein Büschel Fell.

Fine schüttelt sich.
Das Stinkemonster
sollte sich mal waschen.
Dreck hängt in seinem Fell.
Und ein bisschen Glitzer.

Sie folgen dem Geruch.
Wie alle Elfen haben sie
eine feine Nase.

Die Sonne steigt immer höher.
Bald beginnt der Zauberunterricht!

Luna räuspert sich.
„Tut mir leid, das mit der Beere",
flüstert sie.
Verlegen zupft sie
an ihrem Flügel.
„Das nächste Mal teilen wir."

Fine lächelt.
„Mein Weitwurf war
auch nicht sehr schlau",
gibt sie zu.

Plötzlich hören sie
eine Stimme.
„Struppi, wo bist du?",
hallt es durch den Wald.

Fine und Luna staunen.

Da steht ein Menschenjunge.

Verschlafen sieht er aus.

Der Junge zuckt zusammen,

als er die Elfenmädchen sieht.

Erstaunt reibt er sich die Augen.

„Träume ich?", fragt er.

Fine und Luna kichern.
„Was machst du hier?",
fragt Fine neugierig.

„Ich suche …", stottert er.
Da raschelt es.

Fine und Luna werden blass.

Sie schnappen nach Luft.

Das Monster.

Es sitzt hinter dem Baum.

Der Gestank ist kaum auszuhalten.

Geschenke für Struppi

„Struppi, bist du das?",
ruft der Junge.
Das Rascheln wird lauter.
Jetzt fliegt feuchtes Laub
durch die Luft. Und Dreck.

Das Monster greift an!
Fine und Luna stehen still
vor lauter Schreck.
Ihre Knie schlottern.

„Struppi, nicht so stürmisch!",
ruft der Junge.
„Ihr braucht
keine Angst zu haben.
Er will nur toben", erklärt er.

Fine und Luna
wischen den Schmutz
von ihren Gesichtern.
Ihre Wangen glühen.

Das Monster vor ihnen
wedelt mit dem Schwanz.
Und schnuppert.
Eine zerrissene Leine
hängt an seinem Halsband.

Fine schluckt.
Das Monster ist ein Hund.

In seinem Maul
trägt er Lunas Zauberstab.
Stolz wirft er ihn
dem Jungen vor die Füße.

„Der gehört uns!",
sagt Fine.
Schnell nimmt sie
den Zauberstab.
Sie wischt ihn ab und reicht ihn Luna.

Luna schwingt
ihren Zauberstab.
Sie spricht einen Zauberspruch.

Ehe der Junge etwas sagen kann,
sind die beiden Elfen
auch schon fort.

Zwei Würstchen liegen nun
vor Struppi auf dem Boden.
Und der Junge hält eine neue Leine
in der Hand.

Die Elfen müssen sich beeilen!
Schnell fliegen sie durch den Wald.

Sie sausen über die Hecke.
Sie landen auf der Blumenwiese.

Die Glockenblumen läuten
ein allerletztes Mal.
Fine und Luna
stürmen in ihre Klasse.
Gerade noch geschafft!

Bevor Herr Knospe
den Raum betritt,
sitzen sie auf ihren Plätzen.

Fine kichert.
Das war knapp.

Gänseblümchen und Löwenzahn!

THiLO

Im Elfenwald

Mit Bildern von Almud Kunert

Traurige Ferien

Langsam ruckelt der Reisebus
durch den Wald.
Anna schaut traurig
aus dem Fenster.

46

Dabei hatte sie sich so
auf ihre Ferien gefreut!
Zusammen mit vielen anderen Kindern
fährt sie ins Sommerlager.

Eigentlich sollte ihre beste Freundin
mitkommen.
Aber jetzt hat Maike die Masern!

Die anderen Mädchen lachen
und spielen Karten.
Anna kennt niemanden.

Als der Bus ankommt,
stürmen alle Mädchen
zum Tischtennisraum.
Keiner fragt,
ob Anna mitspielen will.

48

Geknickt geht Anna
hinters Haus.
Sie muss an Maike denken.
Und ganz viel an Mama und Papa.

„Hoffentlich sind die Ferien
bald vorbei!", klagt Anna.
Bekümmert hockt sie sich
auf einen dicken Stein.

„Pssst!", wispert da plötzlich
eine feine Stimme.

Anna traut ihren Augen nicht.
Zwei Elfen tanzen um ihren Kopf!
Beide nur so groß wie ein Daumen.

„Ich heiße Bruna!",
stellt sich die blonde Elfe vor.
„Und das ist Amanda!"

Die Elfe mit den schwarzen Haaren
setzt sich auf Annas Hand.
„Du musst uns helfen!", bittet sie.
„Es geht um unsere Königin!"

Anna staunt.
„Aber wie?", fragt sie.
„Mund auf!", kommandiert Amanda.

Dann wirft die Elfe Anna
eine Beere in den Mund.
Es macht BUFF!
und Anna ist genauso klein
wie die Elfen!

Ein zauberhafter Flug

Anna schüttelt verwirrt den Kopf.
Der Fliegenpilz neben ihr ist jetzt
so groß wie ein Baum!

„Lass mich mal durch!",
ruft eine Schnecke.
„Ich kann nicht bremsen!"

Amanda kichert.
„Du machst aber
ein komisches Gesicht!",
sagt sie.

Beide Elfen geben Anna die Hand.
Dann fliegen sie
über eine bunte Blumenwiese.
In der Luft flattern
viele Schmetterlinge.

„Was ist denn eigentlich los?",
fragt Anna nach einer Weile.

Bruna und Amanda sehen sie ernst an.
„Königin Liliana ist krank!",
berichtet Amanda besorgt.

„Alle Elfen suchen
die lila Zauberblume",
erzählt Bruna.
„Nur ihre Blätter
können Liliana heilen!"

Anna runzelt die Stirn.
„Oje!", stöhnt sie. „Mit Blumen
kenne ich mich nicht gut aus!"

Bruna schüttelt den Kopf.

„Wir haben die Blume schon gefunden",
antwortet die Elfe.

„Aber es gibt da ein Problem!"

Vorsichtig landen die Elfen
an einer Felsspalte.
Anna schielt in die Tiefe.
Da blitzt etwas lila!

„Das ist die Zauberblume!",
klärt Bruna auf.
„Aber die Spalte ist zu eng,
um hineinzufliegen!"

Bruna legt ihren Arm
um Annas Schulter.
„Nur zu dritt können wir
die Zauberblume pflücken."

Als sich Anna umdreht,
schreit sie laut auf.
Hinter ihnen lauert
eine riesige Spinne!

Eine schwere Aufgabe

„Schnell weg hier!", kreischt Anna.
„Die Spinne will uns fressen!"
Schnell springt sie
hinter einen Steinpilz.

Amanda und Bruna kringeln sich
vor Lachen.
Und die Spinne lacht lauthals mit.

Amanda holt Anna aus ihrem Versteck.
„Das ist unsere Freundin Spinderella,
die sechsbeinige Zauberspinne!"

Spinderella nickt.

Sie hat besonders dicke Fäden
gesponnen.

„Die leihe ich euch!", brummt sie.

Die Elfen binden Anna zwei Fäden
um den Bauch.
Dann lassen sie
das Menschenmädchen
in die Tiefe gleiten.

Tiefer und tiefer geht es hinab
in die Spalte.
Annas Herz klopft wild.

Endlich erreicht sie
die lila Zauberblume.
„Ich hab sie!", ruft Anna fröhlich.

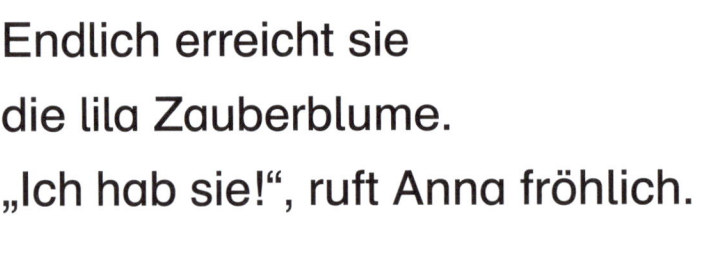

Mit vereinten Kräften ziehen die Elfen
ihre Freundin wieder nach oben.
Sogar Spinderella hilft mit.

Vor Freude hüpfen und tanzen alle
durch den Klee.

„Schluss jetzt!", mahnt Bruna.
„Liliana kann nicht länger warten!"

Im Palast der Elfenkönigin

Wie der Wind fliegen die Elfen
durch den Wald.

Vor einem uralten Ahornbaum
landen sie.
Unter seinen Wurzeln ist ein Loch.
„Das ist der Eingang zum Palast!",
erklärt Bruna.

Lange wandern die drei
durch die Gänge.
Glühwürmchen leuchten ihnen.

Endlich kommen sie
in einen großen Saal.
Anna steht der Mund auf
vor lauter Staunen.

Der ganze Raum ist
ein einziger Kristall!
Er leuchtet wie ein Regenbogen.

„Verehrte Königin!", säuselt Amanda.
Mitten im Saal steht
ein großes Himmelbett.

Unter einem Ahornblatt liegt Liliana.
Die Elfenkönigin ist wunderschön,
findet Anna.
Aber ihr Gesicht ist blass.

„Das Menschenmädchen hat
deine Medizin gepflückt!", sagt Bruna.
Langsam geht Anna zu dem Bett.

Sie nimmt ein Blütenblatt.
Vorsichtig schiebt sie es der Königin
zwischen die bleichen Lippen.

Schon nach den ersten Bissen
lächelt Liliana.
Und als die ganze Blume verzehrt ist,
setzt sie sich auf.

„Du bist ein gutes Kind!",
haucht sie Anna entgegen.
„Ich werde dir deinen größten Wunsch
erfüllen!"

Mit einer tiefen Verbeugung
verabschiedet sich Anna.

„Was soll ich mir bloß wünschen?",
grübelt Anna.
Vom Rückflug bekommt sie
gar nichts mit.

„Wir sind da!", ruft Amanda plötzlich.
Sie stehen vor einem großen Haus.

„Ach ja!", fällt es Anna wieder ein.
„Ich bin ja im Sommerlager!"

„Mund auf!", kommandiert Amanda.
Sie wirft Anna eine Beere
in den Mund.
BUFF! ist sie wieder
so groß wie früher.

„Vielen Dank noch mal!",
wispern die beiden Elfen.
„Und guck nicht so traurig!"
Dann schwirren sie davon.

„Am besten wünsche ich mich
nach Hause!", denkt Anna.
Da steht mit einem Mal Lisa vor ihr.
Das Mädchen saß im Bus neben Anna.

„Hey, da bist du ja, Anna", sagt sie.
„Ich habe dich schon überall gesucht.
Spielst du mit Verstecken?"

Anna lacht.

Eine Freundin –

das war wirklich ihr größter Wunsch!

„Gern!", stimmt Anna zu.

„Manche Dinge kann man eben

nicht allein machen!"

Anja Kiel

Lara und die freche Elfe

Mit Bildern von Elke Broska

Besuch am Abend

Lara liegt im Bett.

Sie hat ihr rosa Nachthemd an.

Das mit der Elfe vorne drauf.

Auch Laras Decke ist rosa.

Schläft Lara?

Nein, sie träumt
mit offenen Augen.
Sie stellt sich vor,
eine Elfe zu sein.

Eine zarte Elfe, die im Mondlicht
auf der Blumenwiese tanzt.
Und die einen Prinzen heiratet.

Plötzlich hört Lara einen Rums.
Da ist doch etwas
vor ihr Fenster geflogen!
Ein Vogel vielleicht?

Eigentlich soll Lara nicht aufstehen.
Aber wenn der Vogel verletzt ist?
Sie muss ihm helfen!

Lara steht leise auf und schlüpft
in ihre flauschigen Pantoffeln.
Die haben lustige Hasenohren.
Lara schleicht zum Fenster
und zieht die Vorhänge zur Seite.

Das Fenster geht schwer auf.

Aber Lara schafft es.

Sie lehnt sich hinaus.

Da liegt etwas im Gras.

Es bewegt sich!

Kein Vogel, kein Eichhörnchen.

Es ist ein winziges Mädchen,
nicht größer als Papas Hand.
Es trägt ein rot getupftes
gelbes Kleidchen,
aus dem feine Flügel herausschauen.
Die Haare sind rabenschwarz
und stehen wild ab.

Laras Herz klopft.

„Wer bist du?", fragt sie.

„Hast du dir wehgetan?"

Das kleine Mädchen
reibt sich die Stirn.
Es grinst Lara an.
„Ich bin die Elfe Fritzi", sagt sie.
„Und du hast ein blödes Fenster!"

Streng verboten

Lara staunt. Das soll eine Elfe sein?

Elfen haben doch blonde Locken,

so wie Lara auch.

Elfen tragen feine rosa Kleider.

Und Elfen sind immer lieb und höflich.

Oder etwa nicht?

„He, wie immer du heißt!",
ruft Fritzi.
„Willst du nicht rauskommen
und mit mir spielen?"

Lara guckt streng.

„Ich heiße Lara.

Und es ist längst Schlafenszeit!",

sagt sie.

„Ach, was!" Die Elfe kichert.

„Merkt doch keiner."

Lara überlegt.

Soll sie einfach rausgehen?

Mama wäre bestimmt böse.

Aber Lara ist noch gar nicht müde.

Und sie könnte

mit einer echten Elfe spielen!

Das hat Lara sich immer schon

gewünscht.

Sie gibt sich einen Ruck.
„Moment, ich hole nur
meine Strickjacke!", flüstert sie.
„Quatsch, es ist doch Sommer!",
meint Fritzi.

Aber Lara zieht trotzdem
ihre rosa Jacke an,
bevor sie vorsichtig
aus dem Fenster klettert.

Draußen ist es nicht mehr richtig hell,
aber auch noch nicht dunkel.
Zum Glück sitzen Mama und Papa
drinnen vor dem Fernseher.

„Tanzen wir jetzt
über die Blumenwiese?"

Lara tapst aufgeregt
hinter Fritzi her
durch das Gras.

„Tanzen?" Fritzi schüttelt den Kopf.

„Ich weiß was Besseres.

Wir naschen Kirschen.

Guck mal, der Baum da drüben!"

Lara bekommt einen Schreck.

Der Kirschbaum steht

in Nachbars Garten.

Sie müsste über den Zaun klettern.

Das ist streng verboten!

Und Kirschen stibitzen sowieso.

Ganz schön mutig

Fritzi ist schon in Nachbars Garten.
Klar, sie kann ja fliegen!

Lara schaut in alle Richtungen.
Kein Mensch ist zu sehen.
Lara lauscht.
Kein Mensch ist zu hören.
Da klettert sie über den Zaun.

Aber wo ist Fritzi?

Fritzi sitzt oben im Kirschbaum.

Sie hält eine Kirsche

in beiden Händen.

Kirschsaft läuft über Fritzis Kinn.

Er tropft auf ihr Kleid.

Die Elfe schmatzt.

Lara hat auch Lust auf Kirschen.

Aber der Baum ist so hoch!

„Komm schon!", ruft die Elfe.

Lara greift den untersten Ast.

Sie zieht sich hoch.

Klettert vorsichtig immer höher.

„Da bist du ja!", lacht Fritzi.

Lara sitzt neben ihr auf dem Ast.

Sie greift nach den Kirschen.

Steckt sich eine in den Mund.

Kirschsaft läuft über Laras Kinn.

Er tropft auf ihre Jacke.

Oh je!

„Und jetzt streicheln wir Kröten!"

Fritzi springt vom Ast.

Schon ist sie unten.

Kröten? Igitt!

Lara mag Kaninchen.

Sie mag Rehe und Schmetterlinge.

Aber Kröten sind doch nichts

für Elfen!

Vorsichtig klettert Lara vom Baum.

Die Elfe steht am Zaun.

Neben ihr hockt eine riesige Kröte.

Sie ist fast so groß wie Fritzi.

Lara geht leise näher.
Die Kröte ist braun
mit rötlichen Tupfen.
Ihre Augen leuchten wie Gold.

108

Lara bückt sich
und streckt langsam die Hand aus.
Das Krötentier fühlt sich
knubbelig an und trocken.
Gar nicht glitschig und eklig.

Rettung in Rosa

„Los, wir spielen Fangen!"
Blitzschnell verschwindet Fritzi
hinter einem Busch.
Lara zögert. Bald ist es dunkel.

Da hört sie einen spitzen Schrei.

Fritzi! Lara rennt zum Gebüsch.

Ein Tier hat sich Fritzi geschnappt!

Lara kennt das Tier.

Es ist Kater Leo von gegenüber.

Lara hat keine Angst vor Katzen.

Doch sie weiß,
dass Leo oft Vögel fängt.
Und Mäuse und Nachtfalter.
In der Dämmerung geht er
gern auf die Jagd.
„Hilfe! Hilfe!", schreit die Elfe.

Der Kater schüttelt Fritzi.

Lara zieht ihre Hasen-Pantoffeln aus.

Sie schleudert sie direkt

neben den übermütigen Leo.

Da! Der Kater erschrickt.

Er lässt die Elfe los.

Sofort fliegt Fritzi davon
über den Zaun in Laras Garten.
Schnell klettert Lara hinterher.

Fritzi fliegt
durch Laras Fenster.
Lara zieht sich
an der Fensterbank hoch.

Schon ist sie im Zimmer.
Knallt das Fenster zu
und springt ins Bett.

„Was war das für ein Geräusch?"
Mama steht in der Tür.
„Ein Geräusch?" Lara guckt,
als hätte sie nichts gehört.

„Komisch", sagt Mama
und ist schon fast wieder
aus dem Zimmer.

„Aber weißt du was, Mama?", fragt Lara.

„Ja, mein Schatz?"

Mama dreht sich um.

„Ich wünsche mir ein Elfenkleid!",
sagt Lara.

„In Rosa! Wetten?", fragt Mama.

„Nein." Lara grinst.

„Eins in schönem Gelb mit roten Tupfen!"

„Und weißt du,
was ich mir wünsche?",
flüstert Fritzi
unter der Bettdecke.
„Ich wünsche mir Hasen-Pantoffeln.
In schönem Lara-Rosa!"

Leserabe
Leserätsel

Rätsel 1

Seltsam, seltsam

Welches Wort stimmt? Kreuze an!

Die Wolken sehen aus
wie saftige
- ○ Bonbons.
- ○ Beeren.
- ○ Bommel.

Im Wald finden Fine und
Luna ein Büschel
- ○ Fell.
- ○ Feen.
- ○ Flöhe.

Der Hund Struppi bekommt
- ○ Würmer.
- ○ Watte.
- ○ Würstchen.

Rätsel 2

Buchstaben heraushören

In welchen Wörtern hörst du den
Buchstaben I? Kreuze an!

Ordne die Bilder den Sätzen zu!

A) Fritzi isst Kirschen.

B) Die Katze hat Fritzi geschnappt.

C) Lara schlüpft in ihre Pantoffeln.

1   **2**   **3**

Lösungen
Rätsel 1: Beeren, Fell, Würstchen, **Rätsel 2:** Blume, Kristalle, Fliegenpilz,
Rätsel 3: 1C, 2A, 3B

Rätsel 4

Rätsel für die Rabenpost

Fülle die Lücken aus. Trage die Buchstaben in die richtigen Kästchen ein. So findest du das Lösungswort für die Rabenpost heraus!

Fine entdeckt noch eine

| E | | D | 6 | | | R | |

. (Seite 10)

Anna und die Elfen hüpfen vor

| 5 | R | | | D | 3 |

durch den Klee.
(Seite 69)

Der Saal der Königin leuchtet wie ein

| 1 | G | 4 | B | | | |

.
(Seite 72)

Die Elfe Fritzi fliegt durch Laras

| 2 | | N | 7 | 8 | | R |

. (Seite 115)

Lösungswort

| 1 | L | 2 | 3 | 4 | 5 | 6 | 7 | 8 |

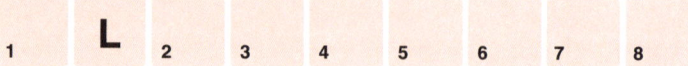

Hast du das Lösungswort herausgefunden?
Dann kannst du jetzt tolle Preise gewinnen.

Gib das Lösungswort auf der -Website
ein oder schick es mit der
Post an folgende Adresse:

An den Leseraben
Rabenpost
Postfach 2007
88190 Ravensburg
Deutschland

Lösungswort

An
den LESERABEN
RABENPOST
Postfach 2007
88190 Ravensburg
Deutschland

**Bitte frage
deine Eltern!***

* Wir verwenden die Daten der Einsender nur für das Gewinnspiel und nicht für weitere Zwecke.
Alle weiteren Informationen zum Datenschutz und über unser Gewinnspiel findet ihr unter **www.leserabe.de**.

Leichter lesen lernen mit der Silbenmethode

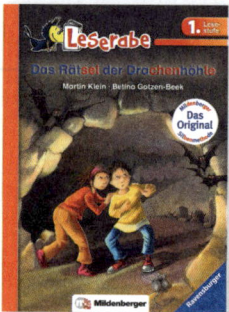

ISBN 978-3-473-**38573**-7*
ISBN 978-3-619-**14440**-2**

ISBN 978-3-473-**38563**-8*
ISBN 978-3-619-**14473**-0**

ISBN 978-3-473-**38576**-8*
ISBN 978-3-619-**14442**-6**

ISBN 978-3-473-**38552**-2*
ISBN 978-3-619-**14443**-3**

ISBN 978-3-473-**38544**-7*
ISBN 978-3-619-**14355**-9**

ISBN 978-3-473-**38095**-4*
ISBN 978-3-619-**14448**-8**

ISBN 978-3-473-**38553**-9*
ISBN 978-3-619-**14447**-1**

ISBN 978-3-473-**38572**-0*
ISBN 978-3-619-**14445**-7**

ISBN 978-3-473-**38570**-6*
ISBN 978-3-619-**14483**-9**

ISBN 978-3-473-**38565**-2*
ISBN 978-3-619-**14480**-8**

** **Gebundene Ausgabe** bei Mildenberger • * **Broschierte Ausgabe** bei Ravensburger

Durchstarten und leichter lesen!

▷ Kurze Sätze
▷ Einfache Sprache
▷ Coole Themen

leichter lesen

ISBN 978-3-473-**36141**-0

ISBN 978-3-473-**49170**-4

ISBN 978-3-473-**49199**-5

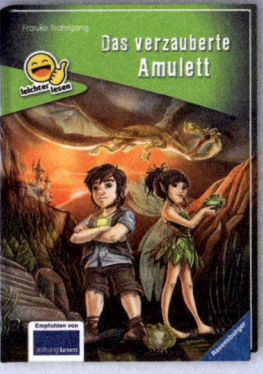

ISBN 978-3-473-**36139**-7

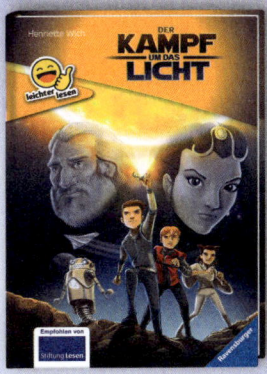

ISBN 978-3-473-**36140**-3

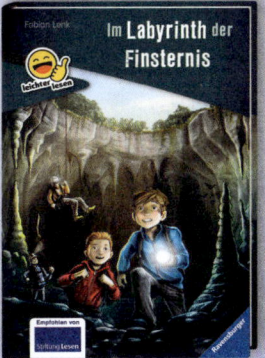

ISBN 978-3-473-**36138**-0

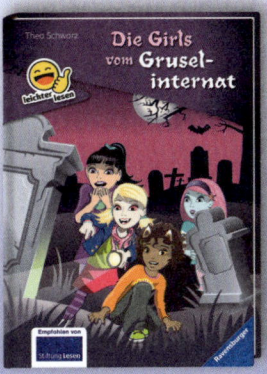

ISBN 978-3-473-**46004**-5

ISBN 978-3-473-**46005**-2

Ravensburger

Leserabe

Lesen lernen wie im Flug!

In drei Stufen vom Lesestarter zum Leseprofi

Vor-Lesestufe
Ab Vorschule

ISBN 978-3-473-46022-9

ISBN 978-3-473-46023-6

ISBN 978-3-473-46024-3

1. Lesestufe
Ab 1. Klasse

ISBN 978-3-473-46025-0

ISBN 978-3-473-46026-7

ISBN 978-3-473-46027-4

2. Lesestufe
Ab 2. Klasse

ISBN 978-3-473-46028-1

ISBN 978-3-473-46029-8

ISBN 978-3-473-46066-3

ERZ 21 002